실마리

실마리

김수봉 제14시집

세종출판사

••• 서문

이 시집은 다른 시집과 달리 2023년 10월에서 2024년 11월까지 14개월 동안 창작된 600여 편의 작품 중 400편만 선발하고 그들 중 다시 월별로 5-10여 편씩 100편을 먼저 추려하여 구성한 시집이다.

구성은 다른 시집과 마찬가지로 5부로 나누고 각 부에는 20편씩 배분하여 100편을 실었다.

특징은 해마다 1권 이상의 시집을 출판함에 따라 남 말하기 좋아하는 사람들이 백안시하거나 구설수에 오르내린다는 것을 알고 있기에 이번에는 이런 비난을 미리 예방하는 뜻으로 각부의 첫머리에 1.벽사진경(辟邪進慶) 2.만사형통(萬事亨通) 3.무병장수(無病長壽) 4.부귀공명(富貴功名) 5.국태민안(國泰民安)의 부적을 실었다.

눈에 거슬리는 모나 불편함은 그럴 수도 있겠다는 넓은 아량으로 이해하시고 긍정적인 사랑으로 질정해 주시면 감사하겠다.

해마다 터무니없는 비용으로 출판을 강행하여 출판사에 많은 폐를 끼쳤지만 말없이 받아주시고 멋진 시집 만들어주신 세종출판사 사장님과 임직원 여러분께 감사의 마음을 전한다.

2025. 05. 15.
무심재(無心齋)에서 김수봉 사룀.

차례

제2부 만사형통(萬事亨通)

제3부 무병장수(無病長壽)

제4부 부귀공명(富貴功名)

제5부 국태민안(國泰民安)

제1부

벽사진경(辟邪進慶)

입춘대길立春大吉

춥지 않은 입춘이나
소한보다 추운 대한
드물고 없다지만

겨울이 춥고 길수록
오히려 간절하게
기다려지는 봄

입춘은 만물의 가슴속에
봄을 심고 생명을 잉태하고
꿈과 환상을 키우는 절후

입춘날 아침
입춘우雨 내리고
춘매 소식 곳곳에 낭자하면

꽃샘추위 아무리 시샘해도
오는 봄은 어쩔 수 없어
가슴속에 심은 입춘
이미 벌써 대길하다

(2024.02.04.)

봄의 함성

도둑고양이 발걸음으로
살금살금 소리도 없이
며칠째 찾아온 봄비

훈훈한 봄바람 불자
때아닌 때에 기지개 켜는
봄꽃들의 서두른 환호성

아직 봄이 일러도
훈풍이 부르고 눈짓하자
가슴 두근 홍매화
붉은 입술 활짝 연다

때 이른 봄꽃
꽃샘추위 심술에
언제 발병 날지 몰라도

후회는 내일의 일
오늘을 즐기는 꽃들의 향연
봄은 이미 함성이다

(2024.02.05.)

겨울 봄비

입춘 전후로 내리는 비
겨울비든 봄비든
겨울잠 깬 통도사 홍매화
호호 웃는 붉은 입술
이미 만개했다

찬비에 입술은 파르르 떨어도
실눈 뜬 꽃봉에는
봄이 벌써 기지개 켜고
붉은 꽃잎마다 봄이 흐른다

봄은 봄비 따라
오는 것만은 아니다
매화가 피기만 하면
마음으로 가슴으로
꽃잎 타고도 온다

곳곳에 눈 소식 여전해도
꽃은 봄을 부르고
봄은 가슴속에 꽃을 피운다

(2024.02.03.)

세맹歲盟

새해 첫날 아침이면
누구나 표현하든 안 하든
마음속으로 새로운 계획과
다짐과 희망을 발원한다

올해도 졸린 눈 부릅뜨고
제야의 종소리 듣고
찌뿌둥한 몸 무릅쓰고
새 아침 해맞이를 한다

해마다 하는 기원과 다짐
언제나 희망 사항일 뿐이라도
올해도 어김없이 발원하는 것은

다 이루지는 못했지만
어제의 희망과 기대 덕분에
오늘이 있다고 자위하기 때문

내년에도 올해처럼
제야의 종소리 들으며
지난해를 반성 정리하고

새해 첫날 해맞이를 하면서
더 나은 한 해의 희망과 포부를
발원할 수 있기만 기대할 뿐

(2024.01.01.)

백발의 억새꽃

억세어서 억새꽃이 되었는지
늦가을에 꽃피어 차가운 삼동을
다 지낸 뒤 따뜻한 봄이 와서
꽃들이 춤출 때에야 떠나는 너

꽃 없는 겨울 동안 백발 하나로
너 혼자 만인의 사랑을 받는 것은
오로지 머리가 희기 때문만일까

차가운 겨울바람을 참고 견디며
바람이 차갑고 강할수록
굳센 절개를 더욱 강하게 벼려서
도리어 너의 칼날 같은 절개에
베여 우는 겨울바람의 울음소리를
사람들이 사랑하기 때문이라면

인간은 하얗게 백발이 될수록
너처럼 사랑받지 못하는 것은
차가운 겨울을 이기는 굳센 의지와
겨울바람을 베어서 울게 하는
결기의 부족함 때문이라 생각하니

아무런 결기도 없이 남보다 먼저
머리만 하얗게 백발이 된 나는
더욱 부끄럽기만 하구나

(2024.03.02.)

망상妄想

오늘도 간다. 너에게로
안 보면 보고 싶은
그런 사람 되고 싶어

너도 나에게로 와서
안 보면 보고 싶은
그런 사람 되면

보고 있어도
보고 싶은
그런 사람 되겠지

볼 수 없어도
보고 있어도
보고 싶은 그런 사람 되면

살아서는 연리지 되고
죽어서는 비익조 되는
그런 사랑 되겠지

(2024.03.08.)

안개꽃

안개가 내려앉은 듯한 모습
그 자체로도 아름답지만
다른 꽃들과 어울려야
더 아름다워지는 안개꽃

장미꽃만 있는 꽃다발보다
안개꽃에 쌓인 장미꽃다발이
훨씬 아름다움을 더하고

밤하늘이 아름다운 것도
달이 밝기 때문만이 아니라
밤하늘을 수놓은 수많은
뭇별이 있기 때문이듯

안개꽃은 자신의 희생이
대상을 두드러지게 하고
자신도 더 아름답게 해서

맑고 깨끗한 마음이란 꽃말과
상생의 이치를 말없이 실천하고
보여주는 철인이다 (2024.01.31.)

바위의 수다

세월과 비바람과 눈비를
넘고 비켜서서 아파하지 않고
마모되지 않고 영원하거나
변하지 않는 것 없건만

하필 말 못하는 바위에게만
자신의 뜻대로 억겁의 침묵과
무언을 강요하는 것은
인간 중심적 사고거나
인간의 비겁한 변명일 뿐

바위의 끝없는 마모는
소리 없는 외침과 통곡
때도 없이 변하는 모양은
못 듣는 비명과 수다일 뿐

인간이 듣고 보지 못한다고
바위의 외침을 침묵이라 포장 마라
말하지 못할 뿐
바위도 아프고 슬프다

(2024.01.29.)

갯바위

바람 잘 날 없는 일생
고해의 바닷가에 멀거니
서 있는 갯바위

바람 없는 여름날
찰싹이는 잔파도에 뜨거운
종아리를 식히며 무더운
여름을 위로받기도 하지만

바람이라도 강하게 불면
무슨 원한이나 잘못을 저지른
원수처럼 우르릉 쾅쾅 소리치며
무지막지하게 달려들어 퍼붓고
들이박고 때리는 파도의
끊임없는 괴롭힘을 견뎌야 한다

끝없이 얻어맞고 할퀴는 고통을
당해도 어쩔 수 없는 갯바위
너도 본의 아니게 고해의 바다에
던져진 인간 업보를 본받았나 보다

(2024.01.14.)

길을 걸으며

수많은 길이 있고
길마다 특징이 있지만
어떤 길도 좋거나
나쁘기만 한 길은 없다

길은 가는 방법과 이유와
처한 상황에 따라
서로 다르게 느낄 뿐

누구나 반드시 가야 하고
지금도 가고 있는 인생길도
어떻게 받아들이고
생각하느냐의 차이가 있을 뿐

걸어보면
길은 언제나 한결같아도
나그네만 투덜투덜
불평불만 환호할 뿐

(2024.01.29.)

사진 전시회

물체의 순간 포착을 통해
있는 모양 그대로 찍어 낸
사진 전시장

관람하는 사람과
말소리는 시끄러워도
적막하기만 한 사진이지만

어쩌다 사진의 멋스러움과
아름다움에 빠져서 보면
사진은 포착된 순간뿐만 아니라

자신의 과거와 현재와 미래는
물론 작가의 의식마저 보여주는
사진의 수다를 듣게도 되듯

사진도 찍고 보는 사람에 따라
다른 예술 작품처럼 행간에
갈무리한 수많은 이야기
소리는 없어도
볼수록 시끌벅적하다 (2024.03.07.)

밟힘의 역설

바람보다 먼저 눕지만
바람보다 먼저 일어나는 것이
어찌 풀뿐일까

늦가을에 파종하여 겨울의
0도 이하에서 40일 이상
추운 겨울을 이겨내야
열매를 맺을 수 있고

이듬해 봄에는 겨울 동안
솟아올라 푸석해진 뿌리를
밟아주어야만 살아남는
가을보리처럼

흙수저로 태어나 넘어지고
엎어져도 밟힐수록 더 강해져서
스스로 일어서야 개천용 되듯

세상에는 넘어지고 밟힘이
가끔은 자신을 더 강하게
만드는 은혜일 수도 있다 (2024.03.03.)

* 김수영의 시 '풀' 패러디함.

만남

달은 해를 만나야
맑은 빛을 낼 수 있고
꽃은 벌 나비를 만나야
열매를 맺을 수 있고
동물은 암수가 만나야
후손을 남길 수 있듯

어떤 존재도 혼자서는
존재의 의미도 가치도
만들 수 없다

어떤 의미와 성패와 행불행을
만들 것인가는 누구와 어떻게
만나 어떤 관계를 어떻게 맺고
유지하느냐에 달려 있지만

만남은 그 자체만으로도
만물의 존재 의미이자
성패와 행불행의 근원이 된다

(2024.02.23.)

명절 음식

명절 음식은 만들기도
평소에 먹기도 힘들고
맛도 특별한 음식이지만

어린 손자녀는 명절날부터
편의점의 과자를 더 좋아하고
명절 다음 날은 아내마저
점심에는 햄버거를 찾는다

명절 음식이 아직 많이 남았는데
무슨 햄버거냐고 불평하면
명절 음식보다 더 맛있다고 한다

명절 음식 맛이 변한 것일까
아니면 입맛이 변한 것일까
아니면 배가 너무 부른 탓일까

명절 음식 대신 맛으로만 먹는
햄버거 왠지 못마땅한 것은
시대에 뒤떨어진 늙은이의
심술보 탓만일까 (2024.02.11.)

사라진 꽃샘추위

때아닌 봄비와 봄바람에
성급한 꽃봉들 서둘러
기지개 켜고 꽃피우면

때를 착각하고 서두른
봄꽃에게 시련과 고통을 통해
억제의 경고장을 날리고
금방 제자리로 돌아가게
하던 밉상의 꽃샘추위

오히려 생물의 웃자람
방지하고 정상의 성장을
위한 섭리의 사랑이었다

만물이 때를 어기고 착각해도
꽃샘추위의 꾸중도 억제도
사라진 이상기후의 현실

아슬아슬 두근두근
눈치만 보는 때 이른 봄꽃
다행이고 행운만일까 (2024.02.07.)

순환循環

날과 달이 가고 해가 가면
날과 달과 해가 다시 오고
만나면 헤어지고
헤어지면 다시 만나듯

세월도 쉬지 않고
흘러 가지만
새로운 세월이
끊임없이 찾아와서

어떤 것도 멈추어서
변하지 않는 것도 없고
가기만 하는 것도
오기만 하는 것도 없다

세상 모든 것은
오고 감이 서로 꼬리를 물고
돌고 돌아서 끝없이
변하면서 순환할 뿐 아닐까

(2024.02.25.)

성城

어느 나라 어떤 곳을 가봐도
남아 있는 성과 성터

남의 공격을 받은 나라 중에
방어의 성을 쌓지 않은 나라 없고
성을 쌓은 나라 중에
남을 공격하지 않은 나라도 없지만
언제나 방어를 위해 세웠다는 성벽

오늘도 외적을 방어하기 위해
성벽을 쌓지 않는 나라도
전쟁을 멈춘 나라도 없지만

어디의 어떤 성벽도 기대처럼
어떤 민족과 어떤 국가도
외적을 방어하고 지켜서
망하지 않은 나라는 없다

성벽은 약육강식의 인간 본성을
숨기기 위한 합리적 변명일 뿐
방어나 평화의 수단만은
아닌 것 아닐까 (2024.01.07.)

무식한 사랑

선물한 사람의 마음이 담겨
더 아름답고 향긋한 난 분 하나
정성이 고마워 서로 낯 익히고
정을 통하기 위해서,

소박한 꽃이 고상하고 사랑스럽고
엉성한 꽃에서 풍기는 향기가
오히려 은근하고 상큼해서,

꽃 지면 안타깝고 서러울까
날이 더우면 몸이 더울까
날이 가물면 목마를까
실내가 건조할까 걱정되어서,

잎이 시들고 말라서 떨어질 때도
사랑보다 더 좋은 명약이 없고
먹고 죽은 귀신 때깔도 좋다면서,

때마다 온갖 이유와 핑계로
사랑의 물 한 바가지 더했더니
마침내 난 분은 해를 넘기지

못하고 뿌리까지 썩고 말았다

사랑도 무조건 주는 사랑보다
사랑할수록 절제와 무심이 필요하고
상대와 방법을 알아야 하는 것을

(2024.01.02.)

시인은

남들처럼 일상적인 삶을 사는
특별하지 않은 사람이지만
동일한 사물이나 상황을 보고도

남과 달리 그 이면이나
그 너머를 볼 수 있고
남들과 다르게 생각하고
달리 볼 수 있는 사람이다

고독과 허무의 현실에서도
삶의 희망과 의미를
발견할 수 있고

갈등과 저주와 증오의
세상에서도 사랑과 용서를
노래할 수 있고

전쟁과 약탈과 죽음이란
절체절명의 시대 상황 속에서도
평화와 화해의 아름다움을
꽃피울 수 있고

절망과 좌절의 삶 속에서도
이상을 꿈꾸고 구가할 수 있는
이상주의자거나
그 맞은편에 서 있는
특별히 모난 자가 시인 아닐까

(2024.01.20.)

윤년閏年 덤 날

달력의 정확도를 위한 것일 뿐
음력의 윤달처럼 세상의 다른
어떤 것과도 관계없는 윤일

로또복권처럼 있어도 없어도
그만이지만 그래도 당첨되면
언제나 기분 좋은 덤 날

귀신도 모르는 날이라 하니
인간이 스스로 신령스러운
귀신이 될 수도 있는 날

평소에는 하지 못했으나
마음만 먹으면
무엇이든 할 수 있다는 귀신날

악귀가 아닌 신령한 선귀善鬼
되어 뜻한 바 모든 것 다 이룰
수 있는 덤 날 되었으면

(2024.02.29.)

제2부

만사형통(萬事亨通)

귀 없는 당나귀

귀는 몸의 균형을 유지하고
클수록 무슨 소리든지 더 잘
듣고 수집할 수도 있다

귀가 없으면 들을 수도 없고
듣지 못하면 말할 수도 없어서
듣는 것은 말하는 것보다
더 중요하고 필요하다

임금 귀는 당나귀 귀라는 동화도
임금은 당나귀처럼 귀가 커서
무슨 소리라도 다 들을 수 있어야
어떤 일도 해결할 수 있다는
뜻으로 해석할 수 있다면

귀가 없는 당나귀는
당나귀도 아니고
벽에도 귀가 있다는데
백성의 말을 듣지 못하는 임금은
임금도 아니라는 뜻 아닐까

(2024.04.28.)

봄이 오는 소리

봄은 바람이나 햇살만으로
오는 것이 아니다
마음으로도 온다

따뜻한 봄바람
살랑살랑
동장군 눈 가리고

몽환의 천지에
입춘대길
깃발 꽂으면

심술궂은 꽃샘추위
아무리
눈 흘겨도

홍매화 꽃봉 터질 때
봄이 오는 소리
오히려 낭자하다

(2024.07.11.)

봄은 왔다는데

날씨는 여전히 쌀쌀하고
감기는 떨어지지 않아도
봄은 벌써 왔다는데

매화 산수유 살구꽃
벚꽃도 벌써 만개하고
봄꽃은 피었다는데

세상은
테러도 여전하고
전쟁은 더욱 격해지고
재난은 고통을 가중하는데

봄은 왔다는데
봄꽃은 피었다는데

인간 마음속
봄은 언제 오고
꽃은 언제 피려나
정말 피기는 피려는지

(2024.03.27.)

봄의 간지럼

3월의 끝자락
포근한 햇빛 받은 화사한 벚꽃
눈부시다 못해 눈이 시면

봄의 간지럼
어쩌지 못한 익은 청춘들
의사의 만류도 잊은 채
벚꽃 만발한 뒷산
벚꽃 그늘 찾게 된다

너무 하얘서 외려 감감한
꽃그늘에 앉아
꽃 속에서 자지러지는
새들의 세레나데 듣노라면

봄의 간지럼 따라
잊었던 청춘과
열정의 추억 소환하며
마음은 벌써 봄꽃이다

(2024.03.30.)

봄철 숲속

꿉꿉하던 봄장마 그친 날
봄철의 숲속을 걷는 것은
계절의 은총이다

화사한 봄볕이 나뭇잎 사이를
빗질하고 연두와 초록의 조화가
꽃보다 아름다운 오솔길

살랑이는 봄바람 손잡고
걷노라면 가슴 설레고
기분 좋은 새소리는 덤이다

연두와 초록이 뿜어내는
싱그러운 생기를 들이마시면
자신도 모르게 어느새 물들어
연두와 초록과 하나가 된다

별유천지 비인간이 따로 있는
것인지 알 수는 없어도
연두와 초록의 봄철 숲속은
어디든 설레는 별천지다 (2024.04.25.)

봄이 가네

꽃이 진다
봄이 가랴만
꽃은 피고 지고
다시 피어도

꽃이 지면 그뿐
열매를 맺든 말든
꽃 지고 새잎 나니
벌써 봄이 가네

할 일도 할 수도 없어
괜스레 바장이고
안달하던
내 꿈도 함께 가네

꽃이 진다
봄이 가랴만
꽃은 지면 그뿐
인생의 봄도 함께 가네

(2024.04.02.)

꽃길의 역설

연분홍 비단 벚꽃길
누구나 환호하고
걷기를 희망하지만

꽃길은 언제나 꽃의 죽음과
희생이 전제되어야 가능하고
만들어진 꽃길조차도
아무리 길어도 너무 짧다면

꽃길은 환호보다
안타까움이 앞서듯

인생 꽃길도
반드시 누군가의 희생이
전제되어야 가능하다면
자신이 만들지 않은 꽃길
걷기만 환호 희망하는 것은

도리어 부끄럽고 비겁한
행동과 마음 아닐까

(2024.04.10.)

살구꽃2

매화 지고 섭섭하든 차
바로 이어서 수줍은 듯
꽃망울 터뜨린 살구꽃
한 차례 봄비 지난 후
볼 붉은 새색시처럼
매화보다 화려하고 섹시하다

어사화의 긍지를 지키려는 듯
새들과 길고양이의 사랑 고백도
길손들의 사랑겨운 감탄도
못 듣고 못 본 체 무시하며
화사한 꽃잎 산들바람에
하늘하늘 넋을 홀릴 뿐

화사한 아름다움
뒤따르는 벚꽃조차
시기 질투해도
부러우면 지는 것이라며
웃는 모습 이미 꽃이다

(2024.04.02.)

AI 시대

세상에는 아무리 많이 아는
사람도 아는 것에 비해
모르는 것이 훨씬 더 많다

인간은 무엇이든 다 알고
무엇이든 할 수 있는 존재를
전지전능한 신이라 섬기지만

현실은 아는 것이 병이고
모르는 것이 약이라 하며
모르는 것이 훨씬 더 많아도
사는 데는 아무런 문제가 없고
나름 잘 살고 있다

현대는 머지않아 인공지능
AI가 인간보다 훨씬 많이 알고
무엇이든 할 수 있는
신의 경지에 오를 전망이다

신은 인간이 섬기는 존재일 뿐
인간이 부리는 존재가 아니라면
AI가 전지전능한 신이 된 미래는
인간의 삶이 지금보다 훨씬
행복한 세상이 될까? (2024.05.16.)

계절처럼

때 이른 이상 고온
때 늦은 이상 꽃샘추위
때아닌 때의 폭설 폭우
잦은 봄비와 황사

날씨가 오두방정 떨고
자연 재난 예방 문자가
연일 빗발쳐도

올해도 부민산 꼭대기는
설국 같은 벚꽃 궁전 짓고
온갖 새들 불러 모아
환상의 봄을 구가한다

인간 삶도
엎어지고 자빠지고
아무리 아프고 슬프고 고파도

때가 되면
어김없이 찾아오는 계절처럼
밤이 아무리 어둡고 험해도

아침마다 욱일승천하는 태양처럼

아무 일 없었다는 듯
그렇게 어김없이 회복되고
다시 올 수만 있다면
무슨 여한 있으리

(2024.03.29.)

무명 가수

허름한 무대
노래보다 공짜 음식이나
선물에만 관심 많은 관중 앞에

유명 가수보다 더 화려한
무대복 입은 무명 가수들
몇 명 남지 않은 관중 앞에서
몸과 영혼을 갈아 넣은 듯
목 터져라 노래 부른다

노래가 좋아서 부른다지만
무대에 설 때까지의 과정과
지난한 삶의 역정을 돌아보면
그냥 노래가 좋아서만
노래 부를 수는 없을 터

벌써 연식이 오래된 가수들
앞으로 계속 노래 불러도
뜻을 이루기 어렵다는 것을
누구보다 잘 알고 있으면서도

혹시나 하는 내일의 영광과
꿈을 위해 출연료를 받기보다
무대에 설 수 있도록
불러준 주최 측이 고맙다며

도리어 배고픈 주머니 털어서
후원금을 건네고 처진 어깨
추스르며 낙엽처럼 발길 돌린다

(2024.05.30.)

비석마을

공룡도 용이고
금감도 귤이라면
묘비도 비석이다

비석마을은
무덤에 사용된 묘비나 석재를
집 짓는 축대나 주춧돌이나
구들장을 놓는 재료로 사용한
마을 이름이다

망자의 훌륭한 행적이나
업적을 돌에 새겨 돌의 수명
만큼이라도 오래 남기를
바라는 마음으로 세운 비석

세운 사람의 기대와는 달리
용도는 완전히 달라질 수
있다는 비석마을의 아이러니

자신의 변변치 않은 업적을
빗돌에 새겨 오래오래
자랑하려는 인간 욕망에 대한
소리 없는 경고 아닐까 (2024.05.09.)

서운암 장독대

서운암 초입에
줄지어 서 있는 장독대
흰 머릿수건 둘러쓰고
하얀 나비처럼 날아다니며
장독대 닦던 어머니 모습
어제인 듯 삼삼하다

오천 개가 넘는 간장 된장 독
너무 많아 헤아릴 수도 없고
독마다 사연 있고 나이가 서로
다른 것도 인간과 다름없지만

간장 된장은 나이가 들수록
씨간장 씨된장 되어
귀한 대접은 물론 맛도 좋다고
높이 평가 받는데

사람은 옛날과 달리 나이가
들수록 씨간장이 부럽다면
못난 인간의 고백일 뿐일까 (2024.03.13.)

* 서운암 : 양산 통도사 말사의 하나.

어릿광대

극에서 본 막이 시작되기 전에
무대에서 우스꽝스럽고 재치 있는
행동으로 관중들의 분위기를
띄우는 어릿광대

극에서는 부수적인 인물로서
있어도 없어도 그만이라지만

인간도 잘나고 못나고 선하고
악한 수많은 사람이 있지만
서로 상대적인 차이일 뿐
누구는 반드시 필요하고
누구는 필요 없는 사람 없듯

극의 완성을 위해서는
주인공이나 반동인물처럼
어릿광대도 그 역할에서는
반드시 필요한 존재이자
언제나 주인공이다

(2024.05.31.)

홍단풍

봄 연두 여름 녹음
가을 단풍에 밀려
계절마다 소외되는
세 철 붉은 홍단풍

가을에만 붉어도 꽃보다
아름답다 사랑받는 청단풍에
비해 오늘도 억울하다

영웅 나고 용마 나도
때를 만나지 못하면
성공할 수 없듯

때도 없이 붉은 홍단풍
언제나 붉고 아름다워서
오히려 사랑받지 못한다

홍단풍도 인간의 삶처럼
낄낄빠빠의 이치를 아는
제때가 필요한 것 아닐까

(2024.05.26.)

인간의 소망

인간이 살고
살게 하는 근원적 힘은

사람마다 이루고 싶고
반드시 이루어야 할
소망이 있기 때문이고

소망은 인간의 모습이나
수만큼 다양하고 많지만

크게 보면 뜻하는 바
모든 것 다 이루는
성공과 행복한 삶이다

그러나 다 이루어서
누구나 성공하고
행복할 수 없는 것은

너와 나의 소망이
서로 겹치고
끝이 없기 때문 아닐까

(2024.03.20.)

사월의 암남공원

때 이른 여름 더위와 장맛비
지낸 후 꿉꿉 답답한 마음
떨치려 찾아간 암남공원

전망대 올라가는 길섶
단풍나무의 연두 잎새
벌써 꽃진 허전함 다독인다

연두에 눈 씻고 새소리에
귀 씻으며 올라 본 전망대

언제 올라 보아도 한 번도
실망한 적 없듯 오늘도 답답하고
꿉꿉하던 마음 이미 뻥 뚫린다

끝없이 망망한 바다와 수평선
바라보며 아름드리 소나무에
기대어 가슴 열고 심호흡할 때

바닷바람에 노랗게
흩날리는 송홧가루
불현듯 생각난 박목월의 시
'윤사월'은 마음조차 씻는다 (2024.04.16.)

나와 세상

천상천하 유아독존이라는
부처님 말씀 있기 전부터
인간은 하늘과 땅 사이에
가장 존귀한 존재였고 그중에서도
내가 가장 소중한 존재였다

내가 없으면 세상도 없고
설혹 세상이 있다고 해도
나하고 무슨 상관

나 없는 세상은
있어도 그만 없어도 그만
존재의 이유도 까닭도 없다

내가 존재해야
세상도 존재하고 존재할
가치와 이유가 있다면
나는 언제나
세상의 중심이자 주인공이다

(2024.05.31.)

없는 비밀

세상 모든 일을
남들은 몰라도
하늘과 땅은 알고 있어서

숨겨서 알려지지 않는
비밀은 어떤 것도 없다

나만 아는 비밀도
임금님 귀는 당나귀 귀가 되고

너만 알고 있어라도
모두가 너만 알고 있어서

나조차 비밀인 줄 모르고 몰라야
남은 물론 하늘도 땅도 모르는
비밀이 될 수 있을 뿐

세상에는 비밀이라 알려진
비밀은 이미 비밀이 아니다

(2024.04.06.)

운주사 석불

사찰의 대웅전과 적멸보궁에
누구보다 근엄하고 자비로운
모습으로 앉아 있는
어떤 부처님보다
더 부처님 같은 운주사 석불

모습은 깨어지고 일그러져
일상의 인간들보다
더 이상한 모습이 되었지만

아름답지 않아서 더 아름답고
신비하지 않고 인간적이라서
더 신비로운 운주사 석불

삼라만상은 불성이 있고
깨달으면 누구나
부처가 된다는 부처님 말씀
오늘도 불상을 조각한다

(2024.03.05.)

제3부

무병장수(無病長壽)

망양로의 아이러니

아침 햇살에 반짝이는
윤슬의 문안에 눈을 뜨고

황홀한 저녁놀과
갈매기 날갯짓을 보며
하루를 접던 망양로 윗마을

살기 위해 어쩔 수 없이
모여들어 산 높은 곳으로
밀리기만 하며 살던 사람들

해양의 멋진 풍광을
남의 일로만 알다가
풍광이 눈에 들어오자

벌써 하나둘 이웃은 떠나고
빈집의 문짝만 깃발처럼
펄럭이는 망양로 윗마을

해양의 풍광이 아름다울수록
외려 쓸쓸하고 고독하다 (2024.06.26.)

개망초꽃

망할 놈의 꽃이란 이름에
부정적이고 나쁜 것들에
덧붙이는 접두사 개-까지
덧붙은 개망초꽃

일제강점기에 들어와
밭농사를 짓는 농부들에게
얼마나 얄밉게 보였으면
망초도 모자라서 개망초란
이름이 붙었으랴만

아무리 척박한 땅이라도
씨앗만 떨어지면 잘 자라고
이쁘게 보면 계란후라이를
닮았다고 계란꽃이라 했듯

상황과 입장과 때에 따른
이름일 뿐 5월부터 8월까지
덥고 꽃이 드문 여름날
들판을 노랗고 하얗게
수놓는 꽃 이쁘기만 하다

(2024.06.18.)

당신이 꽃이라면

언제나 살랑살랑 부는
봄바람 되어 그대를
꽃피우고 싶다

밤에는 별빛 되어
그대의 아름다움
가다듬고

아침이면 이슬 되어
그대의 청초함
돋보이게 하고

낮에는 벌 나비 되어
서로 사랑 나누며
열매 맺고 싶다

꽃 떨어지면 열매 자라
아름다운 우리 사랑
영원히 전하고 싶다

(2024.06.17.)

인생길

해가 중천을 지나
서쪽으로 한참 기울었다면
그만 쉬엄쉬엄 가라 한다

꽃길이라 여기면
어디든 꽃길일 뿐
지금까지 만들지 못한 꽃길
어디에도 없다 한다

볕 좋고 산들바람 불면
옷자락 펄럭이며
바람도 맞아보고

가다가 꽃밭이라도 만나면
꽃향기에 취해 갈지자걸음
걸어도 보고

눈비 오면
지붕 낮은 누추한 처마
밑에서라도 눈비를 피하고

날 저물면
남의 집 행랑채에서라도
쉬어서 가라 한다

황홀한 저녁놀은 만드는 것이
아니라 함께 바라보고
같이 즐기는 것이라 한다

때도 때가 있으니
풍찬노숙 그만하고
쉬엄쉬엄 가라 한다

(2024.06.30.)

발자취

'바람처럼 왔다가
이슬처럼 갈 수는 없잖아'
유행가 가사처럼

세상의 모든 생물과 사람은
자신의 발자취 남기는 것을
평생의 과업으로 삼지만

절간의 승려들은
마당 쓸 때조차 헛된 욕심에
불과하다면서 발자국조차
남기지 않기 위해 뒤로
물러서면서 빗자루질한다

어떤 삶이 옳고 바른 삶인지
단정할 수는 없지만 발자취는
남기고 싶다고 남는 것도 아니고
잘못 남긴 자취는 자손만대에
구린내만 남길 뿐

결국 남는 발자취는 세상을

위해 자신을 희생하고 봉사한
자취만 남을 뿐이라면

그냥 세상에 기여하겠다는
마음으로 자신의 일에
최선을 다하면 그뿐 아닐까

(2024.06.02.)

떠나는 마음

이별이란 말도 않을래요
사랑한다 말한 적도 없으니까

돌아보지도 않을래요
질척이는 모습 보이기 싫으니까

이별은 순간이지만
추억은 영원하다잖아요

잘 가세요

울지도 않을래요
웃지도 않을래요
붙잡지도 않을래요

만나면 헤어지고
헤어지면 반드시 만난다 했으니
언젠가 다시 만날 날 있겠지요

그래도 안타깝고
섭섭한 마음은 마찬가지 (2024.06.28.)

노년의 꿈

아무리 귀한 것도
너무 많고 흔하면 성가시듯

나이도 많아질수록
너도나도 다 싫어하지만
보수 진영의 정치인들만
나이가 많을수록 좋다 한다

선거철만 되면
볼 때마다 어르신이라 하며
오래 사시라 축원하고
괜스레 고맙다 한다

갈 곳도 오라는 곳도 없어
우물가 정자나무 아래
우두커니 앉아 있어도
언제나 찾아와 인사한다

독거하며 외로울 때
누구보다 다정하고 따뜻한
선거 자주자주 있었으면 한다 (2024.06.10.)

노르웨이 트롤퉁가 트레킹

경이로운 자연의 걸작품은
화산이나 지각변동이 그린
밑그림을 비와 바람과 세월이
합작하여 덧칠한 것이지만

노르웨이 트롤퉁가의 피오르는
빙하가 만든 색다른 걸작이다

28킬로미터의 트레킹 코스를
설피 같은 눈길 걷는 신발을
덧신고 몇 시간이나 걸어서
정상에 오르노라면

절간 심우도 같은 자기성찰과
그만 포기해 버릴까 등등
온갖 잡념이 일어나지만

정상에 올라 혓바닥 바위 위에
서면 그때까지의 망상조차도
경이로운 자연의 걸작품에 경외를
일깨울 뿐 위대한 자연 풍광에
인생 추억 하나를 추가한다 (2024.07.28.)

중국의 삼협三峽

뱃전에 기대어
삼협에 들어가면

머리는 뒤로 젖힐수록
직벽은 높아만 가고

고개는 외로 꺾을 때마다
협곡은 깊어지는데

장강은 흘러갈수록
길이를 더하니

풍경은 볼수록 아름다워
원숭이 울음소리 끊어져도
도리어 서러운데

무산의 허리 안개는
오늘도 신녀를 불러온다

(2024.06.07)

달의 계곡

달의 표면을 닮았다고
붙여진 이름의 계곡

세계 여러 곳에 분포하지만
대부분 황량하고 거칠어서
동화에 등장하던 환상과
꿈을 깨뜨리지만

볼리비아 달의 계곡은
다른 곳과 달리 사암으로만
만들어진 아기자기한
봉우리와 계곡이 특별하다

아름다워서 기이한지
기이해서 아름다운지 알 수는
없지만 크고 작은 누런 사암
기둥이 층층이 겹겹이 쌓여서
만들어진 수많은 봉봉과 골골

기기묘묘하고 신기막측해서
조화옹의 특별한 조각 솜씨에

봉마다 탄성이고
계곡마다 환성이다

머지않아 비바람의 심술에
마침내 사라질 운명이라니
자연의 섭리라 해도
저린 가슴 안타깝다

(2024.06.23.)

성북 웹툰 이바구길

산복도로 아래 평지에는
층이 높을수록 값비싸고
멋진 아파트가 되지만
산복도로는 위로 올라갈수록
집들이 비좁고 누추하다

도시 재생을 위해
현대적 웹툰 감각을 더하고
색감을 더한 산복도로 꼭대기
성북시장 웹툰 이바구길

고통과 고난의 몸부림일 뿐
호박에 줄 긋는다고
까마귀 분칠한다고
수박이나 백로 안 되듯

껍질에 알록달록 덧칠하고
간판을 웹툰 만화로 교체해도
낡고 허름한 본질은 여전해

분칠할수록 얼룩덜룩
오히려 쓸쓸하고 애잔하다 (2024.06.27.)

길 가기

빨리 가려면 달리고
멀리 가려면 쉬엄쉬엄
가야 하듯

인생길도 짧은 듯 길고
어떤 길도 평탄하거나
가기 편한 길만은 없어

높고 큰 뜻을 세웠고
단숨에 달려갈 수도 없다면
달려야 하고 달릴 수
있을 때는 달려야 하지만

이미 달릴 수 없을 때는
서두르고 안달하기보다
오히려 천천히 오래 걸어야
마침내 큰 그릇도 만들 수
있는 것 아닐까

역사가 길어서 존중받는 것처럼

(2024.06.21.)

옥잠화

이름이 참 예쁘다
왜 그렇게 붙였는지 모르지만
꽃은 이름 같지 못하다

옥잠은 은잠이나 금잠처럼
값비싼 비녀는 아니지만
옥의 아름답고 우아한 질감 때문에
금잠 못잖게 사랑받는 존재다

모양이 비녀를 닮은 옥잠화는
하나하나의 꽃은 이름값에 충분하지만
한 떨기에 너무 무덕무덕 피는 것은
우아한 이름에 어울리지 않는다

관점에 따라 서로 다르게 보는 것은
당연하지만 고상하고 귀한 것은
언제나 드물고 특별한 데서 생긴다면

아무래도 무덕무덕 피는 옥잠화의
꽃피운 모습 이름값에 어울리지
않는다면 잘못된 관점일 뿐일까 (2023.09.10.)

먼 배웅

아픈 몸 무릅쓰고
나를 위해 찾아온 친구

새들새들한 모습
조비연*처럼
오히려 섹시하다 위로하며

헤어지기 아쉬워
멀리까지 배웅할 때

느닷없이 포옹하며
그만 돌아가라
고하는 이별

얇은 여름옷 뚫고
말캉하게 전해지는
따스한 마음

아찔한 현기증 느끼며
뒷모습 보이지 않을
때까지 손만 흔든다 (2024.06.14.)

*조비연 : 한나라 성제의 부인.

새날

매일이
엎어지고 자빠지는
고통의 가시밭일지라도
내일의 희망과 기대 속에
오늘을 살 듯

아침마다
간밤의 어둠을 몰아내고
찬란한 희망을 선물하는
햇살처럼

새날은
즐거움과 기쁨은
파도처럼 밀려오고
근심과 걱정은
깃털처럼 날아가서

어린 아가의 순수한
함박꽃웃음처럼
새뜻한 행복이 질펀한
그런 날로 맞았으면 (2024.06.01.)

새들비

초하의 주말 아침
소박맞은 소실댁의 눈물처럼
안 오는 듯 새들새들
비 뿌리는 우울한 하늘

게으른 사람들은 게으름 피울
핑곗거리가 생겨서 고맙지만
모처럼 나들이 계획 세우던
아이들은 야속하기만 하다

유난스레 비가 잦던 날씨에
나무들도 너무 많은 물을 머금어
살찐 하마처럼 퉁퉁 불어서
금방 물이라도 토할 것 같다

아무리 귀한 것도
너무 흔하면 성가시기만 하듯
며칠 건너 날 넘게 새들새들
비실비실 오는 비
정녕 소박데기 눈물이던가

(2024.06.08.)

인류의 영웅

어떤 사람이 인류의 영웅일까?
흔히 대제국을 창업한
칭기스칸 나폴레옹 진시황
알렉산더 등을 일컫지만

그들은 인류의 평화와 행복과
정의를 위해 무엇을 했는가?
자신과 자국민의 욕심을
채웠을 뿐 다른 많은 국가와
민족에게는 이유 없는 슬픔과
아픔을 준 나쁜 정복자일 뿐

개별 국가의 창업주들도
성공했기에 망정이지
실패했다면 반역자일 뿐이다

인류의 진정한 영웅은
남을 위해 봉사하고
인류의 평화와 행복을 위해
자신을 희생한 사람들 아닐까

(2024.06.13.)

조화調和

산이 아름다운 것은
높아서만이 아니라
골이 깊고 그 밑에
낮은 들판과 물이
함께 있기 때문이고

물이 아름다운 것은
낮고 넓기 때문만이 아니라
물의 깊이와 주변의 높은 산이
조화를 이루기 때문이듯

인생의 아름다움도
성공하고 승리하고
이기기 때문만이 아니라
실패와 패배의 번복이란
아픔을 극복했기 때문이라면

세상의 모든 아름다움은
혼자서는 이룰 수 없는 경지를
상대와 함께라는 조화가
만들어내는 것 아닐까 (2024.06.11.)

해운대 모래 축제

맹하孟夏의 따가운 햇살과
쪽빛 바다의 해조음이
앙상블을 이루는
해운대 바닷가

세계 유명 미술관의
유명 작품들이 한자리에
다 모인 모래 축제

'천지창조' '별이 빛나는 밤' 등
세계 유명 작가의 작품은 물론
'씨름' '미인도' 국내 작가들의
작품 등 12명 작가의 20개
작품이 전시되어 있다

단순한 재현에 불과하다
폄훼하기도 하지만
거대한 모래성에 머리카락
하나도 놓치지 않은 디테일은
턱 빠지는 줄도 모른다

단색의 모래밭이지만
파란 하늘과 바다에서 불어오는
쪽빛 바람에 작품과 사람도
어느새 파랗게 물든다

(2024.06.03.)

시는?

어떤 독자에게 시는
시시한 사람이 쓰는
시시한 글일지 몰라도

시인에게 시는
삶이요 생명이요 죽음이요
새로운 생명의 창조다

시인은 길을 가든 잠을 자든
밥을 먹든 일을 하든
무엇을 하든 시상만 떠오르면

발을 헛디뎌도 꿈을 깨어도
숟가락을 떨어뜨려도
일을 망쳐도 언제든지
시상부터 즐겁게 메모한다

시는 시인의 피를 덜어
불사의 새 생명을 창조한
시인의 분신이다

(2024.06.23.)

제4부

부귀공명(富貴功名)

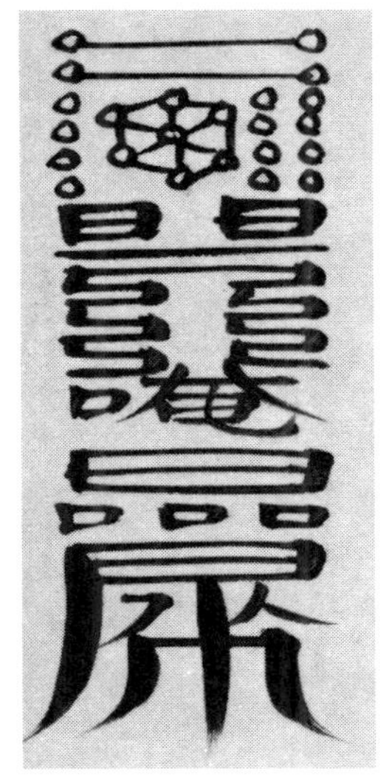

어디 갔을까?

젊은 시절의
야망 정의심 열정
어디 갔을까?

죽는 날까지
변함 없이 함께 하리라
다짐했는데

돌아보니
언제 어디로 사라졌는지
슬그머니 자취를 감추었고

그 자리는
변명과 비겁과 핑계가
차지했구나

다시 찾을 수 있을까
아직 시간도 많이 남았고
눈치 볼 일도 이유도 없는데

(2024.07.03.)

배롱나무꽃

한여름 작열하는 태양 아래
붉게 꽃피워 절간을 발갛게
달구는 배롱나무 백일홍꽃
하안거를 용맹정진하는
부처님 제자들이다

봄가을 좋은 계절 던져두고
하필 여름철에 꽃피워 고통을
즐기는 모습 고행을 통한
자기 수련이자 한계를
넘어서려는 붉은 단심

백 일 후 하르륵 떨어져
피 흘린 산화공덕
마침내 한 법을 깨친
선승들의 게송이자
열반의 법어

여름이면 백 일 동안 꽃피워
부처님께 꽃 공양 올리는
절간의 배롱나무 백일홍꽃
하안거에 든 염화시중 미소다 (2024.03.09.)

내일

누구도 장담할 수 없지만
누구도 의심하지 않는 내일

인간이 의심하든 장담하든
인간은 하루에 16만 명이 죽고
해마다 5900만 명이 죽는다

인간은 내일에 속고 산다는 말처럼
누구도 내일을 의심하지 않지만
마침내 어느 누구도
내일을 장담할 수 없다면

내일에 속으며
내일만을 위해서
오늘을 살 필요 있을까

오늘을 위해
오늘 최선을 다하면
그뿐 아닐까

(2024.07.27.)

척화비斥和碑

창녕 만옥정 공원에는 몇 개의
비석이 옮겨져 있는데 그 중
대원군이 세운 척화비는 세워진
연대에 비해 유난히 변색하고
글자가 지워져서 후줄근하다

아마도 대원군의 잘못된 정책으로
나라가 망했다는 원망과 질책에
스스로 주눅 든 탓도 있겠지만

제국주의가 세계적 시대적 조류를
형성하던 시절 힘도 능력도 준비도
되지 않은 약소국에서 강대국에
맞서 척화를 부르짖은 것은 잘못된
정책이고 주화를 주장했다면
나라를 지키는 좋은 정책이 되었을까

척화의 잘못을 꾸짖는 질책은
오로지 결과론적인 평가일 뿐
때가 아닌 당시의 약소국에서는
주화든 척화든 어떤 정책도 망국의

부끄러움 막을 수는 없었을 터

척화를 부르짖으며 새로운 문명을
배척하고 힘을 키우지 않은 것은
잘못이지만 주화하지 않았기 때문에
나라가 망했다는 주장은 자신의
잘못만 숨기려는 미꾸리의 평가일 뿐

척화비를 비난하고 타매 하기보다
미리 힘을 키워 대비하지 않는 나라는
언제 어디서든 망할 수밖에 없다는
척화비의 교훈을 바로 새기는 것이
오히려 부끄러움 면하는 척화비
관광의 올바른 태도 아닐까

(2023.10.13.)

선글라스

눈 보호를 위해 햇빛을 가리거나
젊은 사람들이 멋으로
쓰기도 하는 색깔 있는 안경

지하철역 대합실에는
초상권 보호를 위해 눈만 가린
수배자 사진처럼 늙은 영감들이
도리어 눈을 가리기 위해 쓰는
안전경이 되기도 한다

지하철역 대합실과 휴게소는
날마다 일없고 갈 곳 없는
노년들의 놀이터

한 번 앉으면 자리를 잃을까봐
앞뒤 좌우로 방향만 바꿀 뿐
남들에게 부끄럽다 싶을 때면
너도나도 선글라스를 쓰고
보이지도 않는 휴대폰만
열었다 접었다를 반복한다

지하철역 대합실의 선글라스
세월의 부끄러움을 가리는
노년의 안전경이다

(2024.07.05.)

신통한 속담

예부터 민간에 전해오는 속담에
'나쁜 놈' '악당'은 명이 길고
선하고 착한 사람은
명이 짧다했는데

우리가 빨리 죽었으면 하고
바라던 악당은 너무 오래 살고
오래 살았으면 하고 바라던
선한 사람은 일찍 죽었다

최근의 정치인 중에서도
테러를 당해도 저주를 받아도
오래 사는 사람이 있고 오히려
그 반대인 경우도 있는 것은

그들이 속담처럼 악당이거나
선한 사람이었기 때문일까
아니면 살아남았거나 죽었기에
악당이나 좋은 사람이 된 것일까

우리나라 속담 참 신통하다

(2024.07.13.)

본말전도本末顚倒

근본과 끝이 뒤바뀌거나
목적과 수단이 뒤집어진
인간소외 금전만능의 본말전도

긍정적인 행복보다
언제 어디서든 불공정
부조리의 폐해만 가져오듯

문학인이 작품의 정신에는
관심 없고 수상이나
감투에만 관심 가지거나

정치인이 국민을 위한
봉사보다 개인적인 이익과
출세에만 관심 가지면

잿밥에만 관심을 가지는
염불이나 제사처럼
세상에는 온갖 부정부패와
폐해만 만연하게 될 뿐

(2023.10.26.)

우포늪

중생대에 형성되고
낙동강의 범람이
만들어 낸 우포늪

자라풀 가시연 창포
온갖 수생 생물과
곤충 물고기 새들이
함께 어우러져 생태계
박물관 되었다

인간이 없을 때 형성되었고
인간이 없어도 저절로
끼리끼리 모여 잘도 살고
인간의 관심이 적을수록
평화를 누리던 우포늪

우포늪을 보호한다고
인간이 관심을 가지면
자연이 파괴되고
깔끔하게 단장한다고
개발하면 자연이 죽는 현실

무관심한 듯 거스르지 않고
그대로 두고 바라보기만 해야
외려 자연처럼 보호되는 우포늪

인간의 자연 사랑과 관심
크고 진할수록 자연은 고통과
죽음이거나 아이러니일 뿐인 것을

(2023.10.13.)

복伏날의 복福

오늘은 초복 날
우연히 알게 된
랜선 친구

한번 만나보고 싶었지만
핑계가 없던 차
복날의 삼계탕을 핑계로
만나기로 했다

평생 처음 보고
특별한 관계도 아닌데
옷 걱정 행동 걱정 등등
괜스레 가슴 설렌다

복伏날의 만남이
복福 되기를 기대하며
기다리는 마음
이미 삼추다

(2024.07.15.)

보내는 마음

잘 가요
뒤돌아보지 마요
눈물도 보이지 마요

미련은
슬픔을 만드는
비극의 원천이에요

먼 훗날
그때도 남은 인연
여전하면
우리 다시 만나요

가면 오고
오면 가는 것이
인생이잖아요

잘 가요
손도 흔들지 마요
다시 만날 거잖아요

(2024.06.08.)

몬산투 바위 마을

포르투칼 몬산투 바위 마을
어디를 둘러봐도
바위투성이자 바위 천지지만

자연을 파괴하거나 거스르지 않고
자연을 개발하거나 고치지도 않고
있는 그대로 이용해서

바위가 집의 일부가 되고
집이 바위의 일부가 되어
함께 공존하고 더불어 사는
자연 친화적인 삶

자연 개발과 무분별한 훼손으로
기후 위기와 재앙에 직면한
만신창이가 된 지구별이라면

살아남기 위해서라도
타산지석이나 반면교사로
삼아야 하지 않을까

(2024.07.16.)

바탐방의 노리

오랜 내전과 킬링필드
전국토가 폐허 되고 기차마저
운행을 멈춘 캄보디아

바탐방의 노리는 '이 없으면
잇몸으로 사는' 캄보디아
사람들의 중요한 이동 수단

느리고 불편하고 가난하지만
누구도 웃음을 잃지 않고
불평하지도 않으며 느긋하게
즐기고 사는 낙천적인 모습

언제나 시간에 쫓기며 바쁘지만
행복하지 않은 우리의 삶에
오히려 안분지족의 중요성을
일깨우려는 듯

관광하는 문명국 사람들의
자랑하는 마음
도리어 부끄럽게 만든다 (2024.07.10.)

코시키 탑

외적의 침입을 방어하기 위한
조지아 스반족의 코시키 탑
끝없는 인간 욕망의 비정함과
부끄러움을 보여준다

전쟁은 온갖 이유와 변명에도
불구하고 언제나 힘을 가진 자가
힘 약한 자의 가진 것을 빼앗아
더 많이 갖기 위한 침략으로
벌어지는 참극이고 아픔일 뿐

외적의 침입을 받은 나라마다
성벽이나 성을 쌓지 않은 나라가
없지만 온갖 핑계를 통해 다른
나라를 침략하지 않은 나라도
망하지 않은 나라도 없다면

성벽이나 탑은 방어 목적이면서
침략을 위한 수단이 되기도 해서
약육강식의 섭리 속에서 전쟁도
어쩔 수 없는 인간 숙명이라면
조물주의 섭리가 안타까울 뿐 (2024.07.26.)

페루의 새똥 섬

원래 붉은색 바위였으나 새똥이
쌓이면서 희끗희끗하게 된
페루의 갈라파고 바예스타섬
새들과 새똥의 천국이다

똥 냄새로 누구도 관심 없던
새똥이 최고의 비료가 된다고
알려지면서 주변 국가들의
전쟁까지 불러왔던 똥섬

개똥도 약에 쓰려면 귀하다는
말처럼 새똥도 돈이 된다 관심이
커지자 지금은 새도 새똥도
도리어 줄어든다는 섬의 현실

무엇이든 너무 흔하면 귀찮은
존재가 되지만 줄어들면
오히려 쓸모 있고 귀하게 된다는
아이러니를 새삼 일깨운다

(2024.07.08.)

맛있는 음식

미식가들이 맛집을 찾아 다니고
아이들이 편식하며
밥을 잘 먹지 않을 때

세상에서 가장 맛있는 음식은
배고플 때 먹는 음식이고
가장 맛없는 음식은
배부를 때 먹는 음식이란 말을
그냥 그러려니 했는데

며칠간 대장 내시경을 위해
금식과 흰죽만 먹다가
해제되는 날 아침 밥상에
오른 소박한 단품 요리
맛은 몰라도 지금까지 먹어본
어떤 음식보다 맛있었다

배부를 땐 도루묵이던 생선이
배고프면 은어가 되는
세상 이치처럼

(2024.07.31.)

이름값

오늘은 대서大暑
이름값 하려는지 무지 덥다
절후는 이름값을 해도 욕먹고
이름값 못해도 욕먹듯

유명인도 언제나 욕먹고
이름의 높이와 크기에
비례해서 욕도 커진다

이름값을 하면 잘한다며
부러워서 욕하고 이름값을
못하면 빈정대며 욕한다

유명인은 이름값을 하든
못하든 언제든 욕을 먹지만
욕이 심하고 클수록
도리어 유명의 반증이 된다

욕은 듣기는 민망해도
유명세의 값이라 한다면
오히려 기쁨과 환호의
응원 아닐까

(2024.07.22.)

특별한 관계

사랑이든 우정이든 거래든
사람은 누구나 서로에게
특별하기를 원하지만
서로 헤어져 보면 안다

초콜릿이나 사탕은
먹을 때는 참 달고 맛있지만
자주 먹으면 금방 질리고
몸에도 해로워서
마침내 소태보다 쓴맛이 되듯

인간관계도 특별했던 만큼
돌아설 때는 제자리로
돌아가기는커녕 더 아프고
나쁜 관계가 되고 말아서

어떤, 무슨 관계든
언제 마셔도 질리지 않는
물처럼 담담한 그런 관계가
가장 특별한 관계 아닐까

(2024.07.01)

내시경

한 길 물속은 알아도
한 뼘 사람 속은
모르다는 말은 옛말

요즘은 마음 AI 등을 통해
사람 몸속은 물론 마음속까지
들여다 볼 수 있는 내시경과
과학 문명의 발전

인간의 수명을 늘이고
삶도 획기적으로 발전시켜
편하고 안락한 삶을 가져왔지만

여전히 인간의 삶을 이전보다
행복하게 만들지는 못한다면

시위를 떠난 화살처럼
끝 간 데 없이 질주하는
내시경 등 과학 문명의 발전
이대로도 괜찮고 좋은 것일까

(2024.07.24.)

피자 파티

코로나 때 실직했으나
몸이 약해 일용직도 못하는 남편
새벽 일 나가다가 뺑소니
차에 치여 몸져누운 아내
삼순 구식하며 서 발 장대
휘둘러도 거칠 것 없는 집안

친구가 먹는 피자 보고 침만
삼키다 들어와 칭얼대는 자식들
달래면서 말없이 울음 울다가
'거미는 자식을 위해 자기 몸을
먹인다는데' 하며 탄식하는 아내

말을 듣던 남편
벌떡 일어나 휴대폰 던져 주며
'팔아서 며칠만 버텨라'하고
횡하니 집을 나간다

며칠 후 한 손에는 피자 들고
다른 한 손에는 선물 꾸러미 들고
웃음꽃 피우며 돌아와 '오늘 밤

피자 파티하자' 면서 장기 팔아
마련한 오만원권 다발 몇 개를
호기롭게 아내에게 내민다

깜짝 놀란 아내가 무슨 일인가
묻자 이제부터 자신도 거미 가장
되겠다며 파티만 재촉한다

피자를 입에 물고 환호하는
아이들과 기미를 눈치챈 아내의
흐느낌이 한데 어우러진 피자파티
가장의 좁은 어깨가 으쓱한다

(2023.10.14.)

할로인 축제의 참사

세상은 넓고 할 일도 많은데
하필이면 그렇게 좁은 곳에
함께 모여 서로 밀고 밀리다
끼이고 밟혀 죽어야 했는가

할 일 없어 놀러 다니다가
잘 죽었다 욕할 수도 있지만
삶에 대한 이해와 방식은
사람마다 서로 다른 것

그곳에 간 사람들은 그들
나름의 이유와 생각이 있었을 것
나와 다르다고 죽어도 싸다는 생각
역지사지하면 피차 마찬가지일 뿐

사건 발생 1주기가 되었지만
문제의 해결은 사건 발생 그날에
멈춰 있는 것도 서로가 서로를
인정하지 않기 때문이라면

너와 나는 서로 달리 생각하고

행동할 권리와 자유가 있음을
서로 이해하고 용인해야만
비로소 갈등이 풀리고
문제가 해결될 수 있는 것 아닐까

(2023.10.29.)

제5부

국태민안(國泰民安)

오늘

사람은 누구도 내일을
장담할 수 없어
오늘이 인생 최후의
마지막 날이 될 수 있고

이전의 잘못을 깨치고 뉘우치는
후회는 더 나은 내일을 위해
어제를 후회하는 것일 뿐

내일이 없다면 기대가 없어
기대 때문에 생긴 후회
오늘 후회할 이유도 없고
더 이상 의미도 필요도 없다

오늘은 내일이 없는 것처럼
인생의 마지막 날인 것처럼
그렇게 최선을 다하면 그뿐

내일은 내일에 맡겨둘 일
없는 내일을 끌어와 고민하고
괜스레 후회할 이유 있을까 (2023.10.16.)

시의 분식粉飾

실제보다 좋게 보이려고
기업이 결산할 때 투자자들을
속이거나 자랑하기 위해 주로
사용하는 부당한 방법의 분식

기업의 결산뿐만 아니라
음식의 상차림에서도 더 맛있게
보이도록 음식 위에 올리는
고명이나 음식 주변의 꾸밈도
분식이라 할 수 있듯

시에서도 주제를 드러내고자
사용하는 수사법이나 미사여구
비틀기의 방법도 분식의
하나로 볼 수 있다면

시의 분식도 반드시 나쁜 것만은
아니지만 지나쳐서 본질보다
분식 자체에 방점이 주어진다면
본말전도의 문제 아닐까

(2023.12.26.)

나들문

어디든 나드는 곳마다
반드시 있는 나들문
심우도尋牛圖의 소다

욕심이 경계를 짓고
담을 쌓자 나드는 문이
필요해서 만들었을 뿐

소를 잃지 않았으면
찾을 이유도 없고
찾아온 뒤에야
잃지 않았음을 깨닫듯

문은 욕심이 만든
마음의 경계일 뿐

담을 쌓지 않으면
문을 만들 이유도 없고
나들문의 존재도 없다

(2023.11.02.)

은목서

귀가 도중 코끝을 스치는
은은하면서도 이상야릇한 향기
김유신 홀리던 천관녀 아니라도
발길 돌릴 수밖에 없는 유혹

향기를 따라 찾아가니
수줍은 듯 이파리 사이사이
빼꼼 얼굴을 내민 은목서꽃

황금빛의 화려한 꽃과
진한 향기로 예찬받는
만리향 금목서보다는 못해도

꽃은 하얗고 소박해서
도리어 탐욕스럽지 않고
은은한 향기는
만리향만큼 진하진 않지만

소박하고 은은해서
오히려 더 향기롭고
아름다운 꽃 은목서
천하절색 가인이로다 (2023.10.24.)

초하루

연월일시는 인간이 편의상
분절한 시간의 단위일 뿐이지만
서로 다르게 느끼는 것은
시간에 대한 대응의 자세가
서로 다르기 때문

나이와 상황에 관계없이
목표가 있고 기대가 있는 삶은
언제나 바쁘고 시간이 부족해서
안타까울 뿐인지만
매일이 휴일이고 일 없는 사람은
언제나 시간이 지겨울 뿐

오늘은 10월 초하루
무의미한 시간의 분절일 뿐이라도
어차피 맞이해야 하는 날과 달이라면

새달에는 새로운 의미와 희망이
생겨나고 모든 기대가 이루어져서
삶의 의미와 기쁨이 충만한
그런 달이 되었으면 (2023.10.01.)

가을 아침

하늘에는 거친 붓으로
흰 물감을 살짝 덧칠한 듯
곳곳에 솜털 구름 한가하고

아파트 아래쪽 대로에는
사람 자취 아직 뜸하고
달리는 자동차마저 드문데

저 멀리 끝없는 파도만
말없이 밀려왔다 쓸려가는
적막한 가을 아침

괜스레 일없이 서성이며
무작정 어디론가
떠나고 싶은 마음

마침내 작은 배낭 하나 메고
원인도 이유도 모른 채
지향 없이 길 나서면 어떠리

(2023.10.22.)

고독한 절개

엄광산 등산로 금강송
군락을 이룬 산비탈 중턱

가지와 솔잎마저 다 떨어지고
맨 꼭대기에 지겟작대기 모양
꺾어진 가지의 밑동 두 개만
좌우로 남아 있는 금강 장송

가지와 푸른 솔잎 위에 흰 눈 이고
겨울 추위에 맞서는 모습은 아니라도
가지도 잎도 없는 몸뚱이만으로
흰 눈 무릅써도 외연히 당당하다

볼수록 쓸쓸하고 안쓰럽지만
절개는 원래 고독하고 처절한
것이라며 외롭지도 아프지도
않다면 절개가 아니라 한다

수십 년 넘은 긴 세월
여전히 당당하고 의연해서
독거의 노년처럼
오히려 처절하고 애달프다 (2023.11.21.)

꿈의 성취

어린 시절부터 신문과 TV에
나오는 잘난 사람이 되겠다고
다짐하고 꿈꾸었던 0영감

두메산골 흙수저로 태어나
성공하기 위해 어려서부터
배를 탔고 작은 성공도 있었으나
우여곡절 끝에 배는 침몰하고
보이스피싱과 전세 사기 등을
당하고 속아서 어쩔 수 없이
노숙자가 되고 말았다

노숙자가 되어서도 성공하기
위해 푼푼이 모은 돈 움켜쥐고
굶주리다가 결국 그해 겨울
제1호 동사자가 되었고
마침내 주요 일간지와 TV 방송에
안타까운 이름이 나오고
소개되어 평생의 꿈을 이뤘다

축하해야 할까 위로해야 할까
꿈을 이룬 0영감 죽어서도 행복할까 (2023.12.18.)

높은 삶

아이러니한 높고 낮은 삶

왕이 높은 것은
신하들이 낮추기 때문이고
노숙자가 낮은 것은
남들이 위에 군림하기 때문이듯

석가나 예수가 숭배받는 것도
석가는 왕족의 지위를 버리고
탁발로 연명하며 가장 낮은
자리에 스스로 처했기 때문이고

예수도 추종자를 규합하여
높은 자리를 탐하기보다
십자가에 못 박히며 스스로
가장 낮은 자리에 처했기 때문

낮추고 낮은 곳에 처하려 하면
저절로 높아지고
높아지고 높은 곳에 처하려 하면
저절로 낮아져서

높고 낮은 인간의 삶은
언제나 아이러니하다 (2023.12.20.)

물의 소리

물은 구속되어 있을 때만
소리를 내지 못할 뿐
모여서 흐르기 시작하면
언제 어디서든 소리를 낸다

구속이나 걸림이 작으면
풀숲을 지날 때처럼 작은 걸림이
도리어 가려움을 긁어주는 정도라서
돌돌돌 졸졸졸 순하고 부드럽고
아름다운 소리를 내지만

걸림이나 막힘이 커질수록
소리도 커져서 콸콸콸 소리를 내고
언덕에서 떨어져 폭포가 될 때는
우르릉 쾅쾅 비명도 지른다

많이 모였다가 한꺼번에
구속을 벗어날 때는 천둥소리가 나며
엄청난 파괴력까지 가진다

물은 가로막거나 걸림이 없으면

조용하고 순하지만 가로막고
억누를수록 강물이나 바다처럼
도도하게 흐르거나 호통도 친다
민중들의 아우성처럼

(2023.12.04.)

빨랫줄

마당 한가운데를 가로질러
이쪽과 저쪽을 둘로 나누고
양 끝이 팽팽하게 맞서는 빨랫줄

나누고 맞서서
다투기만 하는 정치와는 달리
일 없을 때는 눈서리 밤이슬
무릅쓰며 지나가는 바람 앞에
서럽게 울기도 하지만

빨래만 널면 서로 다투기보다
언제나 즐겁게 빨래의 사연을
들으며 이쪽저쪽 힘을 합쳐
출렁출렁 즐겁게 춤춘다

빨래가 무거우면 중앙부터
아래로 처지기도 하지만
바지랑대의 도움만 있으면
일 없을 때보다 더 높이 솟고

아무리 축축하고 꿉꿉해도
바람이 불수록 설렁설렁
바람 타고 일렁일렁
뽀송뽀송 빨래를 말린다 (2023.10.31.)

사악한 날씨

인생은 언제나 내일에 속지만
내일에 거는 기대와 희망으로
사는 것처럼

천하를 속이고 천하를 훔친
대도大盜가 영웅으로
추앙받는 것도 그 속에 있는
기대와 희망 때문이다

겨울에 때아닌 여름비 같은
장마와 홍수주의보가 내리고
며칠 뒤엔 다시 한파경보를
부르는 변덕의 날씨

천하 만물을 속이고
다음 해 봄을 위해 갈무리한
힘마저 미리 도적질한 날씨
천하의 대도라 할 수 있지만

원망의 비난만 받는 것은
천하를 훔치는 도적과는 달리
만물의 내일에 대한 희망과
기대마저 도적질하기 때문 아닐까 (2023.12.14.)

설거지

누구나 하기 싫어하지만
누군가 하지 않으면
안 되는 설거지

음식은 먹을 때와 달리
소박하고 담백해야
설거지도 쉽지만

음식이 기름지고 풍성할수록
설거지할 것도 많고 힘들며
많이 남길수록 분리수거와
처리까지 더 많은 수고와
성가심을 감내해야 한다

설거지는 준비하고 먹을 때와
정비례해서 여러 가지 문제와
어려움과 수고로움을 낳듯

인간 삶의 정리와 마무리도
주방의 설거지와 매한가지라면
지나친 견강부회일까 (2023.12.16.)

진정한 사랑

행 · 불행도 성패도
언제나 함께하는 것이
진정한 사랑이다

사랑했기에 상대의 행복과
성공을 위해 헤어진다는 말은
실패나 불행을 함께하기 싫다는
속내의 변명이거나 핑계일 뿐

사랑은 행복과 성공의
목표나 목적일 뿐
수단이나 이유가 아니다

차마 함께 할 수는 없어도
죽음까지도 함께 하려는 마음이
진정한 사랑이다

사랑했기에 사랑을 위해
떠나고 헤어진다는 말은
속임수거나 거짓말일 뿐
사랑이 아니다 (2023.10.03.)

출렁다리

사람이 걸으면
일렁일렁 출렁출렁
사람도 흔들흔들 비틀비틀
흔들리고 출렁거려서
보기만 해도 오금 저린
거창 수승대 출렁다리

출렁다리가
아무리 흔들리고 출렁거려도
사람이 중심을 잡거나
장단을 맞추어 함께 흔들리면
무사히 건널 수 있듯

인생도
아무리 엎어지고 잦혀져도
장단을 맞춰 같이 흔들리거나
중심을 잡고 일어서면 그뿐

출렁출렁 흔들흔들
출렁다리는 인생이다

(2023.11.04.)

선운사

실패하고 좌절한 정치인이
마음을 비우고 은퇴하겠다
선언하고 많이 찾던 선운사

마음속에는 하나같이
권토중래를 꿈꾸며 이빨을
갈았지만 한 사람도 성공한
사람이 없는 절간

그래도 정치판에서 실패하고
좌절하면 다시 찾는 선운사
왜 찾을까?

아마도 자신의 거짓 선언을
마침내 사실로 만들어주는
부처님의 영험한 원력에
오히려 감동한 탓 아닐까

이참에 나도 한번 욕심을
소망인 듯 발원해 볼까

(2023.11.24.)

한과 행복의 시

입곡저수지를 따라 조성된
입곡 군립공원 둘레길
울긋불긋 가을 단풍과
저수지의 맑은 물이 어우러진
산자수명山紫水明이다

저수지 둘레길 한쪽
단풍 그늘 아래 전시된
팔구십 대 할머니들의 시

가난이 원수라서 배우지 못해
한글도 깨치지 못한 한과
팔십 대에 겨우 한글을 깨친
지금의 행복한 마음이 넘친다

비록 철자법도 틀리고
글씨도 삐뚤빼뚤
시적 표현과 내용도 어색하지만

그 속에 담긴 진솔한
사랑과 그리움과 아픔과

삶의 애환과 한은
오히려 지나가는 관광객들의
발길을 붙잡기에 충분하다

사람마다 멈춰서서
몇 편씩 읽을 때마다
시는 눈시울 붉히고
단풍은 가슴을 적신다

(2023.11.05.)

연말年末

아심움과 시원함을 동반하는
연말은 시골 장터의 파장이다

파루가 울리고 장이 끝나면
그날 준비한 모든 물건을
다 팔고 장터의 국밥집에서
기분 좋게 국밥 한 그릇으로
허기진 배를 채우는 사람도

종일토록 개시도 못하고
다음 장을 위해 가지고 온
물건을 다시 정리하며
허기진 배를 물 한 바가지로
달래는 사람도 판을 걷고
함께 떠나야 하듯

연말이나 파장은 이미 지난
시간이나 결정된 상황에 대한
만족이나 감상感傷만 존재하는
어쩔 수 없는 현실일 뿐이지만

언제나 내년이나 다음 장날에
대한 기대와 희망도 함께 있기에
누구나 권토중래와 새로운 꿈을
키우는 기대의 장場이다

(2023.12.29.)

차가운 이마를 짚으며

뜨거운 이마는 짚어보는
부모를 힘들고 아프게 하지만
사랑을 느끼게 하고

차가운 이마는
짚어보는 자식들의 마음에
절망과 회한을 남긴다

싸늘하게 식은 망자의 이마
이미 이승의 모든 한을
다 내려놓고 차갑기만 하지만

물질적 욕망으로 임종도
함께 하지 못한 지식들
어느 누구도 차마 쉽게
이마를 짚지 못한다

어차피 욕심은 법을 못 이기니
이제라도 모든 욕심 내려놓고
차라리 따끈한 형매의 이마
서로 짚어보면 어떠리 (2023.12.10.)

실마리

복잡다단한 세상
탈도 많고 문제도 많지만

아무리 얽히고설킨 일이라도
실마리를 찾지 못했을 뿐
실마리만 찾으면 어떤 문제든
마침내 해결이 쉬워진다

실마리가 어떤 문제든
문제해결의 단초가 되고
행복한 오늘을 만드는
계기가 될 수 있다면

질곡의 인간 세상에
아무리 찾기 어려워도
반드시 찾아야 하는 실마리
언제나 희망의 밝은 빛을 주는
문제 해결사 아닐까

(2024.11.25.)

발문發文

지난해 3권의 시집을 한참에 출간하고 올해 또 4권의 시집을 한꺼번에 출간하려니 부끄럽고 미안하고 힘든다는 여러 가지 생각과 걱정이 많은 것도 사실이다.

그러나 남보다 늦게 등단했고 지금 나이와 건강 상태를 감안해 보면 시를 쓰고 출간할 날도 그렇게 많지는 않겠다는 생각에 시를 쓸 수 있을 때까지는 좌고우면하지 않고 최대한 열심히 쓰고 출간하려고 한다.

필자는 시 창작에 게으름을 피우지 않기 위해 1일 1시의 창작을 목표로 삼아 실천하려고 노력한 탓에 매일 한 편의 시를 창작하지는 못해도 매달 30여 편에서 많이 쓸 때는 50여 편의 시를 쓰는 경우도 자주 있었다.

그래서 매월 쓴 작품을 1부로 구성하고 부별로 20편의 작품을 실어 100편의 작품으로 한 권의 작품집을 만들다 보니 창작된 이후 한 번도 빛을 보지 못하고 그대로 사라지는 작품이 너무 많았다.

물론 수준이 떨어지는 작품을 무리하게 출판하는 것은 출판 공해만 일으킨다는 문제를 낳기도 하겠지만 '열 손가락 깨물어 아프지 않은 손가락 없다'는 말처럼 필자의 안목에는 그런대로 괜찮다는 작품을 모두 버릴 수는 없었다. 그래서 버리지도 그렇다고 책에 싣지도 못해 모아둔 작품이 자꾸만 늘어났다.

그러나 작품의 평가는 독자에게 맡기는 것이 옳은 방법이라는 생각을 하면서 용기를 내어 이번에는 이들을 총정리한다는 마음으로 5개월마다 한 권의 작품집을 엮어내되 거기서 제외된 작품 중 버리기 안타까운 작품은 구제하고 거기서도 선발되지 못한 작품은 버린다는 기준 아래 2023년 10월부터 2024년 07월까지 창작한 작품 중 월별로 20편씩 선별하여 11집과 12집을 만든 뒤 2024년 8월부터 2024년 11월까지 쓴 작품 중 각각 20편씩 선발한 작품과 11집과 12집에서 선발되지 못하고 남은 작품들 중에서 다시 20여 편을 선발해서 13집을 엮었다.

14집의 작품은 11집~13집을 구성하기 전에 먼저 선발했지만 그렇다고 각각의 시집에서 특별한 작품만 먼저 선발한 것은 아니다. 다만 다른 작품에 비해 특별하지는 않지만 뒤지지도 않겠다는 작품들 중 각각의 시집에 수록할 작품은 남겨두고 중간 정도의 작품은 되겠다고 생각되는 작품만 선발해서 구성한 작품집이다.

너무 자주 많이 출판한다는 비난 이전에 그럴 수도 있겠다는 아량으로 많이 사랑하고 질정해 주실 것을 부탁드리고 기대할 뿐이다.

2025.05.25.

김수봉 사룀.

제14시집

실마리

초판1쇄 발행 2025년 5월 15일

지 은 이 김수봉
펴 낸 이 이길안
펴 낸 곳 세종출판사

주소 부산광역시 중구 흑교로 71번길 12 (보수동2가)
전화 051－463－5898, 253－2213~5
팩스 051－248－4880
전자우편 sjpl5898@daum.net
출판등록 제02-01-96

ISBN 979-11-5979-770-5 03810

정가 12,000원